ALPHABET

EN FRANÇAIS,

DIVISÉ PAR SYLLABES,

Pour instruire avec une grande
facilité les Enfans à épeler.

PARIS.

ANCIENNE MAISON GAUTHIER,
QUAI DU MARCHÉ-NEUF, 3o.

ALPHABET

EN FRANÇAIS,

DIVISÉ PAR SYLLABES,

Pour instruire avec une grande
facilité les Enfans à épeler.

PARIS.

ANCIENNE MAISON GAUTHIER,
QUAI DU MARCHÉ-NEUF, 30.

ALPHABET

EN FRANÇAIS,

DIVISÉ PAR SYLLABES,

Pour apprendre avec une grande
facilité aux Enfans à épeler.

PARIS.

ANCIENNE MAISON GAUTHIER,
Quai du Marché-Neuf, 30.

Pour plaire à Dieu, un enfant
doit obéir à ses parens, et bien
apprendre à lire.

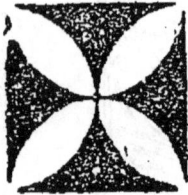 A B C D
E F G H
I J K L M N
O P Q R S T
U V X Y Z.
Æ OE W.

❊ a b c d e

f g h i j k l m

n o p q r s t

u v x y z. ç

æ œ w fi fl ff.

Les cinq Voyelles.

a e i o u.

Aa Bb Cc Dd
Ee Ff Gg Hh
Ii Jj Kk Ll Mm Nn
Oo Pp Qq Rr Ss
Tt Uu Vv Xx Yy
Zz. Ææ Œœ Ww.

u n m h l j k i f æ œ p q
y z d b e c o a t g v r x s.

Chiffres arabes.

1, 2, 3, 4, 5, 6, 7, 8, 9, 10.

Chiffres romains.

I, II, III, IV, V, VI, VII, VIII,
IX, X, XI, XII, XIII, XIV, XV.

a	é	ê	e	i	o	u
ba	bé	bê	be	bi	bo	bu
ca	cé	cê	ce	ci	co	cu
đa	dé	dê	de	di	do	đu
fa	fé	fê	fe	fi	fo	fu
ga	gé	gê	ge	gi	go	gu
ha	hé	hê	he	hi	ho	hu
ja	jé	jê	je	ji	jo	ju
la	lé	lê	le	li	lo	lu
ma	mé	mê	me	mi	mo	mu
na	né	nê	ne	ni	no	nu
pa	pé	pè	pe	pi	po	pu
qua	qué	quê	que	qui	quo	quu
ra	ré	rê	re	ri	ro	ru
sa	sé	sê	se	si	so	su
ta	té	tê	te	ti	to	tu

va	vé	vê	ve	vi	vo	vu
xa	xé	xê	xe	xi	xo	xu
za	zé	zê	ze	zi	zo	zu
bla	blé	blê	ble	bli	blo	blu
bra	bré	brê	bre	bri	bro	bru
cla	clé	clê	cle	cli	clo	clu
dra	dré	drê	dre	dri	dro	dru
fla	flé	flê	fle	fli	flo	flu
gra	gré	grê	gre	gri	gro	gru
pla	plé	plê	ple	pli	plo	plu
phra	phré		phre	phri	phro	phru
pra	pré	prê	pre	pri	pro	pru
spa	spé	spê	spe	spi	spo	spu
sta	sté	stê	ste	sti	sto	stu
tra	tré	trê	tre	tri	tro	tru
vra	vré	vrê	vre	vri	vro	vru

O-rai-son Do-mi-ni-ca-le.

No tre Pè re, qui ê tes aux ci eux, que vo tre nom soit sanc ti fi é, que vo tre rè gne ar ri ve, que vo tre vo lon té soit fai te en la ter re com- me au ci el. Don nez-nous au jour d'hui no tre pain quo- ti di en. Par don nez-nous nos of fen ses com me nous par- don nons à ceux qui nous ont off en sés. Et ne nous lais sez point suc com ber à la ten ta ti on. Mais dé li vrez-nous du mal. Ain si soit-il.

La Salutation Angélique.

JE vous sa lue, Ma rie, plei-
ne de grâ ce, le Sei gneur
est a vec vous; vous ê tes
bé nie en tre tou tes les fem-
mes, et Jé sus, le fruit de
vos en trail les, est bé ni.

Sain te Ma ri e, mè re de
Di eu, pri ez pour nous, pau-
vres pé cheurs, main te nant
et à l'heu re de no tre mort.
Ain si soit-il.

Le Symbole des Apôtres.

JE crois en Dieu le père Tout-
Puissant, créateur du ciel et de la
terre, et en Jésus-Christ son Fils

unique, notre Seigneur, qui a été
conçu du Saint-Esprit, est né de
la Vierge Marie, qui a souffert
sous Ponce Pilate, a été crucifié;
est mort et a été enseveli; est des-
cendu aux enfers; le troisième jour
est ressuscité d'entre les morts; est
monté aux cieux; est assis à la
droite de Dieu le Père Tout-Puissant, d'où il viendra juger les vi-
vans et les morts.

Je crois au Saint-Esprit, la
Sainte Église catholique, la com-
munion des Saints, la rémission
des péchés, la résurrection de la
chair, et la vie éternelle. Ainsi
soit-il.

La Confession des péchés.

Je me confesse à Dieu Tout-Puissant, à la bienheureuse Marie, toujours Vierge, à saint Michel archange, à saint Jean-Baptiste, aux saints Apôtres Pierre et Paul, et à tous les Saints, parce que j'ai beaucoup péché par pensées, par paroles, par actions et par omissions. C'est ma faute, c'est ma faute, c'est ma très-grande faute. C'est pourquoi je supplie la bienheureuse Marie, toujours Vierge, saint Michel archange, saint Jean-Baptiste, les saints Apôtres Pierre et Paul, et tous les Saints, de prier pour moi le Seigneur, notre Dieu. Ainsi soit-il.

Les Commandemens de Dieu.

1 UN seul Dieu tu adoreras
Et aimeras parfaitement.
2 Dieu en vain tu ne jureras
Ni autre chose pareillement.
3 Les Dimanches tu garderas
En servant Dieu dévotement.
4 Tes père et mère honoreras
Afin que tu vives longuement.
5 Homicide point ne seras
De fait ni volontairement.
6 Luxurieux point ne seras
De corps ni de consentement.
7 Le bien d'autrui tu ne prendras
Ni retiendras à ton escient.
8 Faux témoignage ne diras
Ni mentiras aucunement.

9 L'œuvre de chair ne désireras
  Qu'en mariage seulement.
10 Biens d'autrui ne convoiteras
  Pour les avoir injustement.

Les Commandemens de l'Eglise.

1 Les fêtes tu sanctifieras
  Qui te sont de commandement.
2 Les Dimanches messe ouïras,
  Et les fêtes pareillement.
3 Tous tes péchés confesseras
  A tout le moins une fois l'an.
4 Ton Créateur tu recevras
  Au moins à Pâques humblement.
5 Quatre-temps, Vigiles jeûneras,
  Et le Carême entièrement.
6 Vendredi chair ne mangeras,
  Ni le samedi mêmement.

Pater.

Pa-ter nos-ter, qui es in cœ-lis, sanc-ti-fi-ce-tur no-men tu-um; ad-ve-ni-at re-gnum tu-um, fi-at vo-lun-tas tu-a si-cut in cœ-lo et in ter-râ : pa-nem nos-trum quo-ti-di a-num da no-bis ho-di-e; et di-mit-te no-bis de-bi-ta nos-tra, si-cut et nos di-mit-ti-mus de-bi-to-ri-bus nos-tris : et ne nos in-du-cas in ten-ta-ti-o-nem, sed li-be-ra nos à ma-lo. A-men.

A-ve Ma-ri-a, gra-ti-â ple na, Do-mi-nus te-cum, be-ne-dic-ta tu in mu-li-e-ri-bus, et be-ne-dic-tus fruc-tus ven-tris tu-i Je-su.

Sanc-ta Ma-ri-a, Ma-ter De-i, o-ra pro no-bis pec-ca-to-ri-bus, nunc et in ho-râ mor-tis nos-træ. A-men.

Credo.

Cre-do in De-um Pa-trem om-ni-po-ten-tem, Cre-a-to-rem cœ-li et ter-ræ : et in Je-sum Chris-tum Fi-li-um e-jus u-ni-cum, Do-mi-num nos-trum, qui con-cep-tus est de Spi-ri-tu sanc-to, na-tus ex Ma-ri-â Vir-gi-ne, pas-sus sub Pon-ti-o Pi-la-to; cru-ci-fi-xus, mor-tu-us et se-pul-tus : ter-ti-â di-e re-sur-re-xit a mor-tu-is, as-cen-dit ad cœ-los; se-det ad dex-te-ram De-i Pa-tris om-ni-po-ten-tis, in-de ven-tu-rus est ju-di-ca-re vi-vos et mor-tu-os.

Cre-do in Spi-ri-tum sanc-tum, sanc-tam Ec-cle-si-am ca-tho-li-cam, Sanc-to-rum com-mu-ni-o-nem, re-mis-si-o-nem pec-ca-to-rum, car-nis re-sur-rec-ti-o-nem, vi-tam æ-ter-nam. A-men.

Pec-ca-to-rum Con-fes-si-o.

Con-fi-te-or De-o om-ni-po-ten-ti,
be-a-tæ Ma-ri-æ sem-per Vir-gi-ni,
be-a-to Mi-cha-e-li Ar-chan-ge-lo,
be-a-to Jo-an-ni Bap-tis-tæ, sanc-tis
A-pos-to-lis Pe-tro et Pau-lo, om-ni-
bus sanc-tis, et ti-bi pa-ter, qui-a pec-
ca-vi ni-mis co-gi-ta-ti-o-ne, ver-bo
et o-pe-re, me-â cul-pâ, me-â cul-pâ,
me-â ma-xi-mâ cul-pâ; i-de-o pre-cor
Be-a-tam Ma-ri-am sem-per Vir-gi-
nem, be-a-tum Mi-cha-e-lem Ar-chan-
ge-lum, be-a-tum Jo-an-nem Bap-tis-
tam, sanc-tos A-pos-to-los Pe-trum
et Pau-lum, om-nes sanc-tos, et te
Pa-ter o-ra-re pro me ad Do-mi-num
De-um nos-trum. A-MEN.

IMPRIMERIE LE NORMANT, RUE DE SEINE, N° 8.